장영실

장영실

유타루 글 이경석 그림

비룡소

경상도 동래현(오늘날의 부산)의 한 마을에서 아이들이 팽이를 치며 놀고 있었어요. 영실이도 함께 어울리고 싶어서 아이들에게 다가갔어요.

"흥! 저리 가! 너 같은 천민하고는 안 놀아!"

"맞아! 천한 기생 아들하고는 같이 놀 수 없지!"

아이들은 영실이를 깔보며 마구 놀려 댔어요.

영실이는 마음이 아팠지만 꾹 참았어요.

영실이의 어머니는 동래현의 관아에 속한 기생이었어요. 관아에서 잔치가 벌어지면 시중을 들거나 춤추고 노래하는 일을 했지요.

조선 시대에는 양반, 중인, 상민, 천민으로 신분이 나뉘었는데 영실이의 어머니 같은 관기는 그중에서도 가장 신분이 낮은 천민에 속했어요. 영실이의 아버지는 장씨 성을 가진 양반이었지만, 영실이는 양반이 될 수 없었어요. 어머니가 천민이면 그 자식도 천민이 되었거든요.

영실이는 저만치 떨어져서 혼자 팽이를 쳤어요. 그 모습을 본 아이들이 속닥거렸어요.

"우리 팽이로 천민한테 본때를 보여 줄까?"

"그래! 기생 아들한테 따끔한 맛을 보여 주자!"

아이들이 우르르 몰려와서 영실이에게 팽이 싸움을 걸었어요.

"이얏!"

한 아이가 영실이의 팽이를 공격했어요.

팽이는 영실이의 팽이에 딱 부딪치자마자 튕겨 나갔어요.

"흥, 이번엔 어림없을걸!"

다른 아이들도 영실이의 팽이를 공격했어요.

이번에도 영실이의 팽이만 쌩쌩 돌고, 다른 팽이들은 힘없이 나동그라졌어요.
"영실이 너, 이 팽이 어디서 났어?"
화가 난 아이가 씩씩대며 말했어요.
"내가 나무를 깎아 만든 거야."
아이들은 영실이의 말을 믿지 않았어요.
"말도 안 돼! 네가 어떻게 팽이를 깎아?"
"맞아! 내 팽이는 우리 아버지가 깎아 줬고, 다른 애들 팽이도 다 어른들이 깎아 준 거라고!"
"너 지금 거짓말하는 거지?"
아이들이 영실이를 몰아붙였어요.

"내 말을 못 믿겠다면 너희한테 보여 줄 게 있어. 따라와 봐."

영실이는 아이들을 집으로 데리고 갔어요. 그러고는 마당 모퉁이에서 자루를 가져와서 속을 쏟아 냈어요.

"우아! 멋지다!"

아이들은 자루에서 쏟아져 나온 구슬, 돛배, 굴렁쇠, 얼레(연줄 등을 감는 도구)를 보고 눈이 휘둥그레졌어요. 모두 나무로 만든 장난감이었어요. 차기에 딱 좋은 제기와 쉽게 뒤집히지 않을 딱지, 당장이라도 하늘 높이 날아오를 듯한 연도 있었지요.

"이걸 정말 영실이 네가 다 만들었단 말이야?"
"응. 마음에 들면 하나씩 가져도 돼."
"정말이야? 고마워! 아까는 미안했어."
아이들은 영실이가 만든 장난감들을 앞다퉈 골라 들었어요.
"참, 그런데 영실아, 어떻게 네 팽이는 우리가 한꺼번에 공격해도 끄떡없는 거야?"
"으응, 내 팽이는 참나무로 만들어서 그래. 참나무로 만든 팽이는 버드나무로 만든 팽이보다 훨씬 단단하고 무겁거든."
"와, 영실이 너 진짜 대단하다!"
아이들은 놀란 눈으로 영실이를 바라보았어요.

영실이는 아이들과 장난감을 가지고 한바탕 신이 나게 놀았어요. 해가 저물 무렵 아이들이 집으로 돌아가자, 영실이는 마루에 앉아 어머니를 기다렸어요.

해가 서산으로 넘어가고 밤하늘에 별 하나가 반짝일 때, 어머니가 마당에 들어섰어요.

"다녀오셨어요, 어머니. 그건 뭐예요?"

어머니는 손에 작은 보따리를 들고 있었어요.

"천자문 책을 가져왔단다. 너도 글을 배워야지."
영실이는 아랫입술을 깨물며 속으로 말했어요.
'천민은 글을 배워도 아무 소용 없잖아요.'
그런 영실이를 가만히 바라보던 어머니가 말했어요.
"글을 깨치고 배우는 일은 신분이 귀하고 천한 것과 상관이 없단다. 그러니 글공부를 열심히 하렴."

 영실이는 어머니에게 천자문을 배웠어요. 영실이의 어머니는 천민이었지만 글을 읽을 줄 알았어요. 관기는 춤추고 노래만 하는 게 아니라 양반들과 어울려 시를 짓기도 했거든요.
 "일월영측(日月盈昃). 이 말은 해는 동쪽에서 떠서 서쪽으로 기울고, 달은 점점 커졌다가 도로 작아진다는 뜻이란다."
 "어머니, 궁금한 것이 있어요. 해는 왜 떴다 지고, 달은 왜 커졌다가 작아지나요?"

　영실이의 질문에 어머니는 얼른 대답하시 못했어요. 질문이 너무 엉뚱하고도 어려웠거든요.
　"글쎄다. 하늘의 이치를 따져야 하는 일이라서 어미도 잘 모르겠구나. 하지만 글을 부지런히 읽고 공부하다 보면 알게 되지 않겠느냐?"
　글공부를 마친 영실이는 바람을 쐬러 밖으로 나왔어요. 밤하늘에는 수많은 별이 반짝거렸어요.
　'어떤 별들은 자리가 바뀌는 듯한데, 왜 그런 걸까?'
　영실이는 밤하늘을 오랫동안 올려다보았어요.

열 살이 되자 영실이는 관아의 노비가 되기 위해 어머니 곁을 떠나게 되었어요. 관기의 자식은 어릴 때부터 관아에서 노비로 일해야 했기 때문이에요.

"차라리 너를 낳지 말았더라면 좋았을 것을."

어머니가 영실이의 손을 꼭 잡고 눈물을 흘렸어요.

 "그런 말씀 마세요. 어머니는 이 세상에서 저한테 가장 소중한 분이세요."
 영실이가 울음을 가까스로 삼키며 말했어요.
 "그렇게 말해 주니 이 어미는 그저 고맙구나. 부디 몸 건강하고 잘 지내야 한다."
 어머니가 영실이를 끌어안고 흐느꼈어요. 영실이도 참았던 눈물을 왈칵 쏟았어요.

동래현의 관노가 된 장영실은 잔심부름이나 마당 쓸기 같은 잡일부터 시작했어요. 하지만 얼마 지나지 않아 공예, 건축, 토목 등 물건을 만들고 손질하는 일을 맡은 관청인 공방에서 일하게 됐지요.

어려서부터 무엇이든 만들기를 좋아했던 장영실은 공방에서 일하는 게 아주 즐거웠어요.

장영실은 사람들이 망가진 농기구나 못 쓰게 된 물건을 가져오면, 나무를 깎고 쇠를 두드리고 갈아서 닳고 헌 물건들을 새롭게 만들었어요.

"참말 신기해. 장영실의 손만 거치면 버릴 것도 쓸모 있는 물건이 된단 말이야."

"장영실의 손은 도깨비 손인가 봐."

말끔히 고쳐진 물건을 받아 든 사람들은 장영실의 재주를 놀라워했어요.

어느 날, 장영실은 우연히 관아에 있는 무기 창고 안을 보았어요. 많은 무기들이 망가진 채 이곳저곳에 쌓여 있었어요.

'망가진 무기를 저대로 두어서는 안 돼!'

장영실은 짬이 날 때마다 망가지고 낡은 무기들을 튼튼하게 고쳐 두었어요.

장영실이 무기들을 고쳐 놓은 지 얼마 지나지 않아 왜구(삼국 시대부터 우리나라로 쳐들어와 재물을 빼앗고 사람을 해치던 일본의 해적)가 쳐들어왔어요.

"왜구다! 모두 무기를 들고 나를 따르라!"

동래현의 현령(현을 다스리는 관리)은 병사들을 이끌고 나가 왜구와 싸워서 크게 이겼어요. 장영실이 단단하게 고쳐 놓은 무기가 큰 힘이 되었지요.

"영실아, 너의 공이 크구나. 네가 무기를 잘 고쳐 놓은 덕분에 왜구를 무찌를 수 있었다."

현령은 사람들 앞에서 장영실을 크게 칭찬했어요.

몇 해가 지난 어느 여름, 동래현에 가뭄이 심하게 들었어요. 현령이 비를 내려 달라고 하늘에 제사를 올렸지만 가뭄은 계속됐어요. 백성들의 가슴은 쩍쩍 갈라진 논바닥처럼 바짝바짝 타들어 갔지요.
　장영실은 바짝 마른 논밭을 지나 높은 언덕으로 올라갔어요. 저 멀리 강이 보였어요.
　'저 강물을 논까지 끌어올 수 있다면……. 무슨 방법이 없을까?'

한참 생각에 잠겨 있던 장영실은 밝은 얼굴로 현령에게 갔어요.

"나으리, 마른 논밭에 물을 댈 방법이 있습니다. 강물을 끌어오는 것입니다."

"아니, 저 멀리 있는 강에서 어떻게 물을 끌어온단 말이냐?"

장영실은 자신의 생각을 자세히 설명했어요. 현령은 놀란 얼굴로 몇 번이나 고개를 끄덕이며 장영실의 이야기를 들었어요.

장영실은 강에서 논까지 강물이 흐를 수 있게 물길을 낼 생각이었어요.

현령은 사람들을 불러 모은 다음, 장영실이 알려 준 방법대로 물길을 내라고 명령했어요. 마을 사람들 모두 삽과 곡괭이를 들고 나가 강가에서부터 도랑을 팠어요. 곧 강물이 도랑을 따라 흐르기 시작했어요.

"언덕이라 물길이 막히는데 어떻게 하지?"

"이 사람아, 이럴 때는 물레방아를 쓰라고 했잖아."

사람들은 물레방아를 돌려 물을 높은 곳으로 퍼 올렸어요. 물레방아 양옆에는 판자를 대서 물이 새지 않게 했어요.
　도랑을 따라 흐르던 물이 구덩이를 만나 물길이 끊어지려고 하자 사람들은 나무로 만든 홈통을 잇대어 물길을 계속 이어 갔어요.
　"장영실은 정말 대단해. 이런 경우도 미리 생각해서 나무 홈통을 준비하게 했으니 말이야."

도랑을 따라온 강물이 마침내 논밭으로 흘러들어 메마른 땅을 흠뻑 적셨어요.
"만세! 만세!"
사람들이 두 손을 치켜들고 펄쩍펄쩍 뛰었어요.
장영실도 시든 농작물이 싱싱하게 살아날 것을 생각하니 기뻤어요.

"장영실의 지혜가 우리를 구했구나. 장영실은 우리 동래현의 보배로다!"

현령이 큰 소리로 외치자 사람들은 아까보다 더 크게 만세를 불렀어요. 멀리서부터 강물을 끌어온 장영실의 지혜는 다른 고을에도 퍼져, 가뭄으로 고생하는 사람들에게 큰 도움이 되었어요.

이 소식은 조선의 세 번째 왕 태종의 귀에도 들어갔어요.

"장영실이라는 자에 관한 소문이 사실인가?"

"그러하옵니다. 장영실은 관노인데, 그자 덕분에 가뭄이 들었던 경상도는 흉년을 이겨 냈다 하옵니다."

"그뿐만이 아니옵니다. 장영실이 동래현의 무기고를 잘 관리해 두어서 갑자기 쳐들어온 왜구를 물리칠 수 있었다고 합니다."

대신들의 얘기를 들은 태종이 말했어요.

"천민이긴 하나 손재주와 지혜가 매우 훌륭한 자로다. 장영실에게 도천법을 적용하라."

도천법은 학문과 재주가 뛰어난 사람을 신분에 상관없이 뽑아 나라를 위해 일하게 하는 제도였어요. 장영실은 도천법에 따라 한성에 가게 되었어요.

'지방 관노인 내가 임금님을 위해 중앙 관청에서 일하게 되다니!'

장영실은 좀처럼 믿어지지가 않았어요. 하지만 한편으로는 어머니를 두고 가야 한다는 생각에 걱정이 되기도 했어요. 어머니는 장영실의 손을 꼭 잡으며 말했어요.

"이 어미한테 마음 쓸 것 없다. 나는 그저 네가 자랑스럽기만 하구나."

장영실은 어머니에게 큰절을 올리고 한성으로 떠났어요.

장영실은 궁궐에서 쓸 여러 물건을 만들고, 건물을 짓거나 성을 쌓는 일 등을 하는 공조에서 일하게 되었어요.

다양한 일을 해야 하는 공조에는 재주가 뛰어난 사람들이 많이 모여 있었어요. 장영실은 손재주를 살려 물건을 고치고 만드는 일을 맡았어요.

"새로 온 장영실이라는 사람, 손재주가 참 빼어나더군."

"어디 그뿐인가. 부지런하고 남들이 싫어하는 궂은 일도 다 도맡아 하질 않는가."

장영실은 공조 사람들의 칭찬에도 우쭐대지 않고 맡은 일에 최선을 다했어요.

1418년 태종이 자리에서 물러나고, 조선의 네 번째 왕 세종이 왕위에 올랐어요.
 '백성들을 잘살게 하려면 어떻게 해야 할까?'
 세종은 끊임없이 궁리했어요.
 '백성들 대부분이 농사를 지으며 살고 있어. 해와 달과 별에 관한 천문학, 하루하루의 날짜를 계산해 달력을 만드는 역학을 연구해야 해. 그래야 백성들이 제때에 씨를 뿌리고 가꿔서 풍성한 결실을 거둘 수 있어.'

　세종은 자신을 도와줄 사람이 누가 있을까 생각했어요. 그러다 세자 시절부터 각별히 눈여겨보아 온 장영실을 떠올렸어요.

　'관노 출신이긴 하지만 장영실은 누구보다도 지혜롭고 뛰어난 손재주가 있어.'

세종은 장영실을 불러 말했어요.

"명나라(오늘날의 중국)에서는 해와 달, 별의 움직임과 위치를 재는 천문 관측기구인 간의와 혼천의를 쓴다고 하오. 자동으로 시간을 알려 주는 물시계도 있다고 들었소. 우리 조선에도 그와 같은 기구가 있다면 농사에 큰 도움이 되고 백성들의 생활이 편리해질 것이오. 이것들을 그대가 한번 만들어 보라."

'한낱 노비에 불과했던 내가 어명을 받들게 되다니.'

장영실은 간의와 혼천의, 자동 물시계를 만들기 위해 연구를 시작했어요. 그러나 아무리 지혜롭고 손재주가 뛰어난 장영실이라 해도 본 적도 없는 기구들을 만들기는 어려웠어요.

세종은 장영실에게 명나라에 가서 천문 관측기구와 자동 물시계를 직접 보고 오라고 했어요.

명나라로 간 장영실은 천문 관측기구와 자동 물시계가 있는 관성대를 찾아갔어요. 그런데 관성대 관리가 장영실을 딱 막아섰어요.

"못 들어가오. 다른 나라 사람이 천문 관측기구와 자동 물시계를 보는 것은 국법으로 금하고 있소."

장영실은 당황스러웠지만 물러나지 않았어요.

'백성을 위하는 어진 임금님이 부탁하신 일이다. 그런 임금님께 보탬이 되는 것이 곧 내 나라 조선을 사랑하는 길이야.'

단단히 다짐한 장영실은 관성대 관리에게 말했어요.

"우리는 누구나 햇볕과 바람을 누리고 있소. 자연이 차별하지 않고 베푼 덕분이오. 시간의 흐름이나 천체의 움직임 또한 자연이니 더불어 나누는 것이 마땅하지 않겠소?"

장영실의 말을 듣고 부끄러움을 느낀 관리는 잠시 문을 열어 주었어요. 장영실은 관성대의 천문 관측기구와 자동 물시계를 잠깐이나마 볼 수 있었지요.

명나라에서 돌아온 장영실은 천문과 시계에 관한 책을 보며 연구를 계속했어요.

천문 관측기구와 자동 물시계는 결코 만들기 쉬운 기구가 아니었어요. 하지만 장영실은 포기하지 않았어요.

밤낮을 가리지 않고 연구에 몰두한 장영실에게 세종은 벼슬을 내려 용기를 북돋아 주려고 했어요.

그러나 여러 대신들이 반대하고 나섰어요.

"아니 되옵니다, 전하. 노비에게 벼슬을 내리시다니, 그건 말도 안 되는 일입니다."

세종은 자신의 뜻을 결코 굽히지 않았어요.

"그대들이 반대하면 할수록 과인은 장영실에게 더 높은 벼슬을 내릴 것이오."

세종이 단호히 결정한 덕분에 장영실은 관노의 신분을 벗어나 벼슬자리에 오르게 되었어요.

장영실은 꿈을 꾸는 것 같았어요.
'천민인 내가 벼슬아치가 되다니!'
세종은 동래현에 있던 장영실의 어머니도 한성으로 올라오게 해 주었어요. 장영실은 자신을 아껴 주는 세종이 고맙기만 했어요.

'전하께 보답하려면 더욱 열심히 연구해야 해.'
 장영실은 자는 시간도 줄여 가며 천문 관측기구와 물시계를 만드는 일에 매달렸어요.

1424년, 장영실은 마침내 시간을 알려 주는 자동 물시계인 '경점지기'를 만들었어요.
　옛날부터 사람들은 해가 만드는 그림자를 보고 시간을 짐작했어요. 그러나 비나 눈이 오거나 밤이 되면 해시계는 아무 소용이 없어서 흐린 날에도 쓸 수 있는 물시계를 만들었지요.
　경루(태조 때 만든 물시계)를 개량한 경점지기는 물이 눈금에 맞춰 차오르면서 시간을 나타냈어요. 그러면 물받이 그릇을 지켜보던 사람이 북과 징을 쳐 시각을 알렸지요.

"장영실, 그대가 이 나라에 큰 기쁨을 주었도다. 그대 같은 인재가 있어 내가 참으로 든든하구나."

세종은 장영실에게 더 높은 벼슬을 내렸어요. 장영실은 속으로 다짐했어요.

'더 열심히 연구해서 보다 나은 물시계를 만들겠어!'

경점지기가 시간을 알려 주기는 해도 옆에서 지켜보는 사람이 깜빡 졸기라도 하면 큰 낭패였기 때문이에요.

장영실은 천문 관측기구를 만드는 일에도 무척 열심이었어요.

1432년 장영실은 드디어 '간의'를 완성했어요. 원래 간의는 원나라(명나라 이전에 있었던 중국의 옛 나라)의 곽수경이 처음 만든 것이었어요. 곽수경은 중국에서 첫 번째로 손꼽히는 과학자였지요.

장영실이 만든 간의는 놀랍게도 곽수경이 만든 것 못지않게 훌륭했어요. 해와 달, 별자리를 관찰해서 위치를 알 수 있는 건 물론이고 시각도 알 수 있었지요.

"전하, 이 간의로 한성의 위도(지구 위의 위치를 나타내는 가로 축)를 재어 보겠습니다."

"정말 한성이 지구 어디쯤에 있는지 알아낼 수 있단 말인가?"

장영실은 세종과 여러 신하들이 지켜보는 가운데 둥근 간의를 이리저리 돌렸어요. 그러고 나서 눈금을 가리키며 말했어요.

"전하, 한성은 북위 38도쯤에 자리하고 있습니다."

세종과 신하들은 매우 기뻐하고 놀라워했어요.

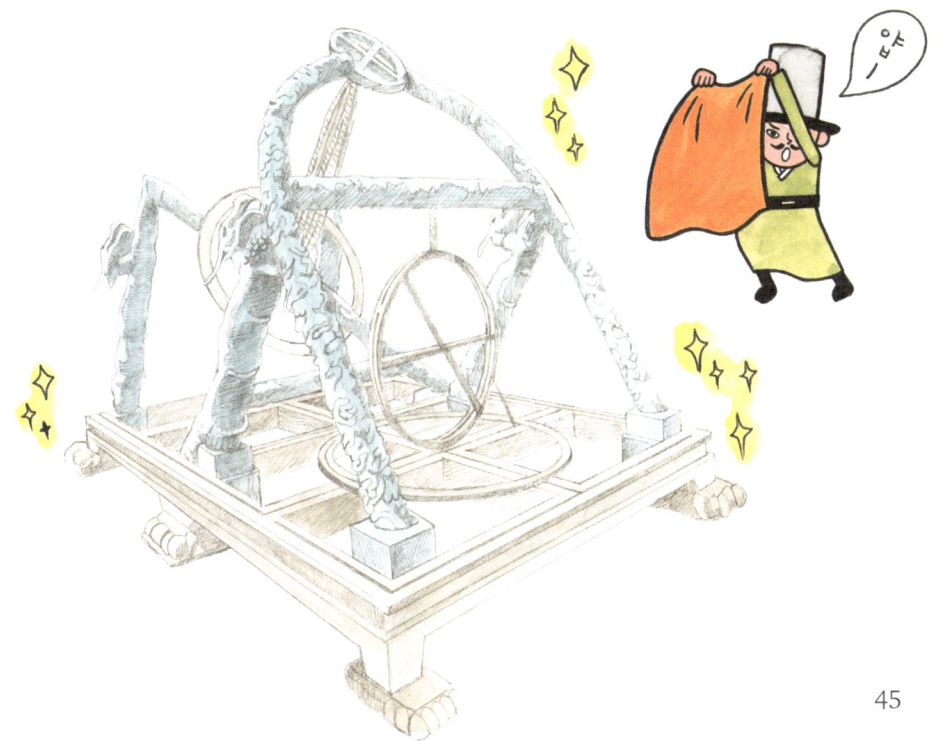

이듬해인 1433년에 장영실은 '혼천의'를 만들었어요. 여러 개의 고리로 이루어진 혼천의는 간의처럼 해와 달, 별들의 움직임과 위치를 잴 수 있는 동시에 시계 장치도 갖춘 기구였어요.

"그대가 또 나를 놀라게 하는구나. 이제 보다 정확한 달력을 만들어 백성들에게 농사지을 때를 제대로 알려 줄 수 있겠어!"

세종은 혼천의를 만든 장영실을 크게 칭찬했어요.

그리고 경회루 북쪽에 간의대라는 천문 관측대를 짓게 했어요. 간의와 혼천의를 비롯한 천문 관측기구들을 놓고 조선의 하늘을 관측하기 위해서 만든 것이었지요.

장영실은 매일 밤늦게까지 간의대에 머물며 하늘의 달과 별들을 관측했어요. 세종은 가끔 찾아와서 장영실과 친구처럼 천체에 대해 이야기를 나누었지요.

1434년 여름, 장영실은 완전 자동 물시계를 만들었어요. 완전 자동 물시계는 자동 물시계(경점지기)의 단점을 보완한 것으로, 훨씬 복잡한 장치를 갖추고 있었어요.

장영실은 세종 앞에서 완전 자동 물시계에 대해 설명했어요.

"물이 큰 항아리에서 작은 항아리로, 작은 항아리에서 더 작은 항아리로 흐르게 합니다. 차례차례 물이 흐르면 마지막으로 기다란 기둥 모양의 통에 물이 차오릅니다. 통 속에서 등에 막대를 세운 거북이 서서히 떠올라 구슬을 떨어뜨립니다. 구슬은 시간을 알려 주는 장치로 들어가 동판을 치고, 동판이 인형을 건드립니다. 바로 그 인형이 종과 북, 징을 쳐서 시각을 알리는 것입니다."

"저 동물 인형들은 어떻게 쓰이는고?"

"전하, 저 인형들은 열두 종류의 동물들로, 차례대로 나와 시각을 알려 줍니다."

완전 자동 물시계는 정말 놀라운 발명품이었어요. 자동 물시계는 밤에만 시각을 알려 주었지만, 완전 자동 물시계는 밤뿐 아니라 낮에도 시각을 알려 주는 자명종이었지요.

"이 완전 자동 물시계를 '자격루'라 할 것이니라."

세종은 경복궁 남쪽에 보루각을 짓게 했어요. 그러고는 보루각 안에 자격루를 두고, 자격루가 알리는 시각을 조선의 표준 시각으로 삼도록 했어요. 자격루 덕분에 사람들은 시간을 훨씬 쉽게 알 수 있게 되었지요.

세종은 장영실을 더욱 아끼고 신뢰했어요.
"그동안 간의와 혼천의와 자격루를 만드느라 참으로 수고가 많았소."
"아닙니다, 전하. 나라를 위해 더욱 힘쓰겠습니다."
장영실은 쉴 새 없이 연구를 계속했어요.
그리고 몇 달 뒤 지금까지 볼 수 없었던 독특한 시계를 만들어 냈어요. 네 개의 다리가 가마솥처럼 생긴 시계판을 떠받치고 있는 해시계 '앙부일구'였어요.

　앙부일구는 우리나라의 독창적인 해시계였어요. 시간만 알려 주는 다른 나라의 해시계와 달리, 앙부일구는 시간과 절기(한 해를 스물넷으로 나눠 계절을 구분하는 기준)를 동시에 알려 줘서 편리했어요. 둥글고 오목한 모양도 예술품처럼 아름다웠지요.

　"참으로 훌륭한 시계로다. 여봐라, 이 앙부일구를 혜정교와 종묘 남쪽에 각각 설치하여, 백성들이 시간을 알고 생활할 수 있게 하라."

매일 많은 사람들이 앙부일구를 보러 종묘와 혜정교로 몰려들었어요.
　'집집마다 두고 볼 수 있는 시계를 만들 수 있다면 좋을 텐데.'
　시계를 보기 위해 먼 길을 오는 사람들을 보고 장영실은 다시 연구를 시작했어요.
　1437년에는 집 안에 둘 수 있는 일성정시의를 만들었어요. '일성정시의'는 낮에는 해, 밤에는 별자리의 위치로 시각을 알 수 있는 시계였어요.

　일성정시의를 만들고도 장영실은 만족하지 않았어요. 어디든지 갖고 다니며 시간을 알 수 있는 시계를 만들고 싶었던 거예요.
　'앙부일구나 일성정시의는 크고 무거워서 한곳에 두고 볼 수밖에 없어. 들고 다니면서 볼 수 있는 시계라면 더 편리하겠지.'
　장영실은 연구를 거듭한 끝에 휴대용 시계인 '현주일구'를 만들었어요. 시계를 몸에 지닐 수 있다고는 상상조차 못했던 사람들은 소맷부리에서 현주일구를 꺼내 보며 마냥 신기해했어요.
　"시계를 가지고 다닐 수 있다니! 꿈은 아니겠지?"

어느덧 장영실의 얼굴에도 깊은 주름이 생겼어요. 그러나 과학 기술과 발명에 대한 열정은 변함이 없었지요.

'자격루는 시계고, 혼천의는 천체를 관측하는 기구야. 이 두 가지를 합쳐서 뭔가 새로운 걸 만들 수 없을까?'

장영실은 다른 나라에서 들여온 책까지 두루 읽으며 연구에 몰두했어요. 1438년 장영실은 마침내 혼천의와 자격루의 두 가지 기능을 다 갖춘 '옥루기륜'을 만들었어요. '옥루'라고도 하는 이 기계는 이 세상 그 어디에서도 볼 수 없는 자동식 천문 시계였어요. 게다가 신기하고도 아름답게 꾸며졌어요.

기계 장치는 종이로 만든 산속에 숨겨져 있었어요. 종이 산에는 사계절의 풍경이 그려졌고, 그 안에서 사람과 동물을 닮은 인형들이 나와 북, 종, 징을 쳐 계절과 시간의 흐름을 자동으로 알렸어요.

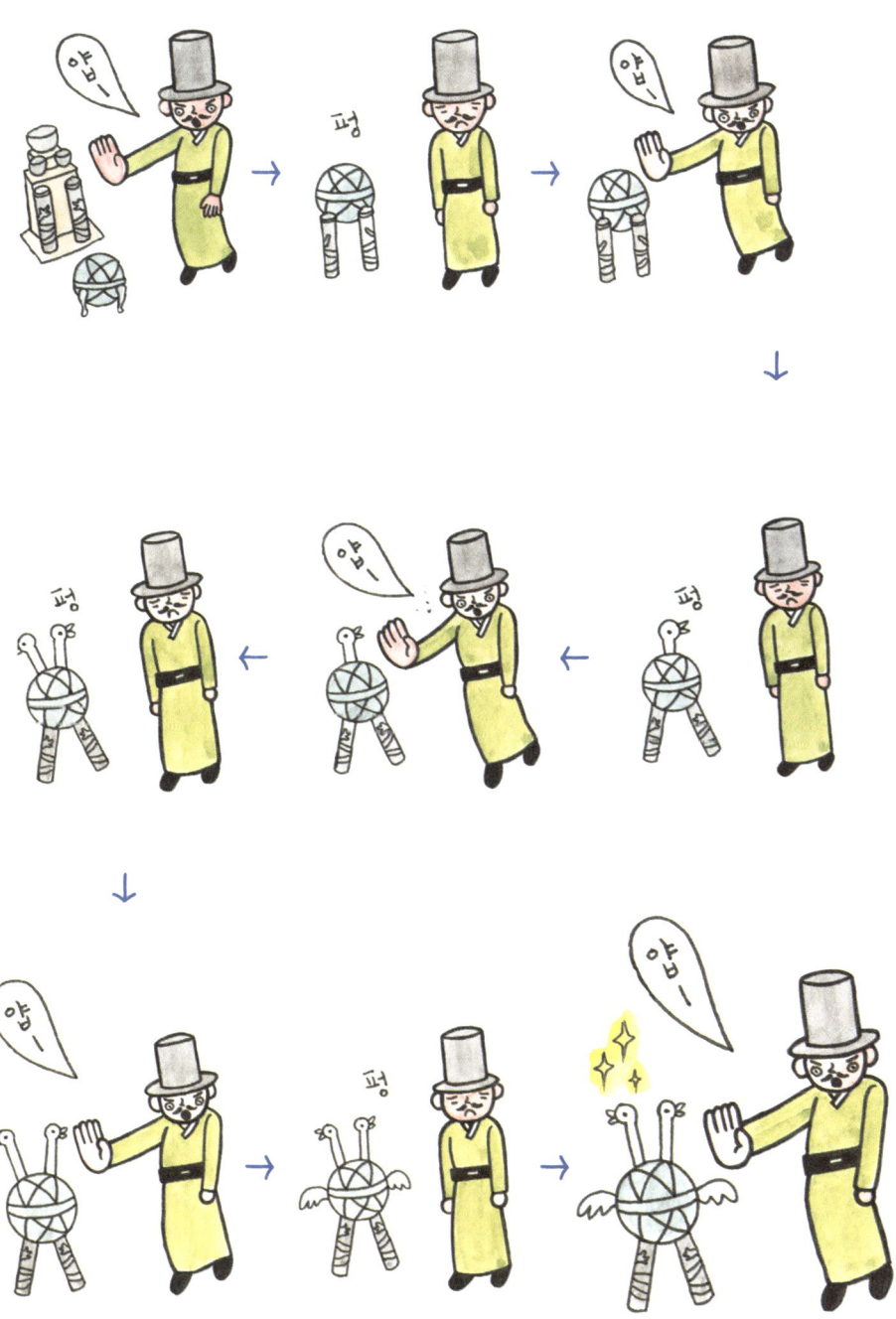

장영실은 계속해서 백성들을 돕고 싶었어요. 그런데 어느 해 여름, 비가 억수같이 내렸어요. 개천이 넘쳐 홍수가 나고, 논과 밭이 물에 잠겼지요.

'비가 언제 얼마나 오는지 알아 두면 홍수에 대비할 수 있을 텐데.'

조선은 해마다 여름이면 장마로 큰일을 겪었어요. 장영실은 때에 따라 내리는 비의 양을 측정할 수 있다면 홍수를 예방할 수 있고, 농사에도 큰 도움이 될 거라고 생각했어요.

당시에는 빗물에 젖은 땅의 깊이를 재서 비의 양을 가늠했는데, 정확한 양을 알 수 없어 별 도움이 되지 않았어요. 장영실은 내리는 비를 물끄러미 바라보았어요.

'어떻게 하면 비의 양을 정확히 잴 수 있을까?'

그러던 어느 날 세종의 아들, 세자가 좋은 생각을 해 냈어요. 그릇에 고인 빗물의 양을 재면 비가 얼마나 왔는지 알 수 있다는 것이었어요.

'그래, 바로 그거야!'

장영실은 철을 녹여 둥근 기둥 모양의 그릇을 만들었어요. 쇠 그릇 안쪽에 비의 양을 재는 눈금을 새겨 넣고 돌을 네모지게 깎은 평평한 받침에 올려놓았어요. 이렇게 해서 1441년에 세계 최초로 '측우기'가 만들어졌어요.

장영실은 곧이어 강물의 높낮이를 측정할 수 있는 수표도 만들었어요.

1442년 장영실은 세종이 탈 가마를 만드는 일을 감독하게 되었어요. 그런데 장영실이 만든 가마가 세종을 태우고 가던 중 그만 부서지고 말았어요. 세종은 장영실을 용서해 주고 싶었어요. 그러나 끝까지 벌을 주어야 한다고 주장하는 신하들 때문에 어쩔 수 없이 장영실의 벼슬을 빼앗고 궁궐에서 내쫓아야 했지요.
　궁궐을 떠난 장영실이 그 후 어디서 어떻게 살았는지는 알 수 없어요. 언제 태어났는지 모르는 것처럼 언제 이 세상을 떠났는지도 몰라요.

장영실은 조선에서는 물론이고 그 당시 전 세계를 통틀어 보더라도 빛나는 과학 기술자였어요.

　갖가지 시계와 천문 관측기구뿐 아니라 경자자와 갑인자라는 금속 활자를 만들어 조선의 인쇄 문화를 찬란하게 했어요. 경상도 지방을 돌아다니며 광물을 낱낱이 조사하여 철을 생산하기도 했지요.

　과학 기술자 장영실. 지칠 줄 모르고 새로운 것을 만들어 내고, 이미 만든 것도 더 좋게 발전시켜 백성을 도우려 했던 장영실의 삶은 오늘날에도 우리에게 많은 가르침을 주고 있어요.

♣ 사진으로 보는 장영실 이야기 ♣

장영실이 만든 관측기구들

장영실이 관측기구를 만든 이유는 농사일에 보탬이 되기 때문이었어요. 정확한 날짜와 시간을 알면 농사짓기에 좋은 때를 제대로 알 수 있으니까요. 백성들이 잘살 수 있게 도우려는 세종의 뜻을 장영실이 이뤄 준 거예요.

한성으로 올라와 궁궐에서 쓰는 일용품들을 만들기 시작한 이래로 장영실은 여러 가지 물건들을 만들었어요. 그중에서도 하늘의 움직임을 관측하고 시간을 측정하고 비의 양을 재는 관측기구들을 많이 만들

장영실은 과학자의 본보기로 여겨져요. 곳곳에 장영실의 동상이 세워져 있어요.

었어요. 혼천의, 자격루, 간의, 앙부일구, 현주일구, 일성정시의, 측우기와 수표 등이 모두 관측기구였어요.

혼천의는 하늘에 떠 있는 별들과 행성들을 관측하는 기구였어요. 앙부일구는 해가 만드는 그림자로 시간을 측정할 수 있는 해시계였어요. 글을 모르는 백성들도 쉽게 알 수 있도록 십이지를 상징하는 그림을 새겨 넣었다고 해요.

보물 제845호로 지정된 앙부일구예요. 둥글고 오목한 생김새가 가마솥과 닮았어요.

앙부일구는 절기도 함께 알려 주었기 때문에 농사짓는 데에도 큰 도움이 되었어요.

현주일구는 가지고 다닐 수 있는 휴대용 해시계였어요. 자격루는 자동으로 시각을 알려 주는 물시계였지요. 일성정시의는 낮에는 해, 밤에는 별을 이용해서 시간을 재는 시계이기 때문에 낮에도 밤에도 쓸 수 있었어요.

비의 양을 재는 측우기와 강물의 높이를 재는 수표는 홍수

가지고 다닐 수 있게 만들어진 휴대용 해시계 현주일구예요. 본래 손바닥만 한 것을 일곱 배 키워 복원했어요. 여주 영릉에 가면 볼 수 있어요.

강물의 높이를 측정하기 위해 장영실이 설계한 수표교예요.
지금은 장충단 공원에 있어요.

에 대비할 수 있게 해 주는 유용한 도구였어요.

조선 시대 시간의 단위

하루는 몇 시간일까요? 오늘날에는 하루의 길이를 스물네 시간으로 나누어 계산하지요. 그런데 조선 시대에는 하루가 열두 시간이었어요. 옛날의 한 시간은 오늘날의 두 시간만큼 길었던 것이지요.

시각을 가리키는 이름도 따로 있어서 지금처럼 1시, 2시, 3시라고 하지 않았어요. 시간과 방향을 상징하는 동시에 동물을 가리키기도 하는 십이지에서 이름을 따왔지요.

십이지의 동물들은 쥐, 소, 호랑이, 토끼, 용, 뱀, 말, 양, 원숭이, 닭, 개, 돼지예요. 오후 11시부터 오전 1시까지가 자시이고, 뒤를 이어 두 시간 간격으로 축시, 인시, 묘시, 진시, 사시, 오시, 미시, 신시, 유시, 술시, 해시가 이어졌어요. 이러한 시간 이름은 요즘도 가끔 쓰이곤 하지요.

밤 시간을 이르는 이름도 따로 있었어요. 밤을 다섯으로 나누어 오경이라 일컬었지요. 해가 진 뒤 오후 7시부터 9시까지는 초경, 두 시간 간격으로

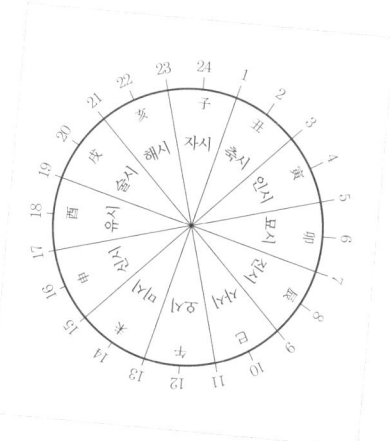

오늘날 하루는 24시간이지만 조선 시대에는 12시간이었어요. 각각의 시간마다 이름도 붙여져 있었지요.

이경, 삼경, 사경, 오경이라고 불렀어요. 경을 6등분하면 점이었는데, 한 점은 20분 정도 되는 시간이에요.

시간을 재는 시계의 원리

오늘날 우리는 전기를 이용한 시계를 많이 써요. 전기의 힘으로 톱니바퀴들을 돌려서 시곗바늘을 움직이는 거예요. 건전지만 제때 갈면 되니까 편리하지요. 전기를 쓰지 않던 옛날에는 어떻게 시간을 쟀을까요?

해시계는 해가 동쪽에서 떠서 서쪽으로 지는 특징을 이용했어요. 해가 머리 위에 있으면 정오인 거예요. 그림자의 방향이 서쪽을 향하는지 동쪽을 향하는지, 그림자의 길이가 어떻게 변하는지

에 따라서 시간을 알 수 있었어요. 그런데 해시계는 해가 떠 있는 동안에만 쓸 수 있었어요. 밤에는 쓸 수 없었고, 구름이 잔뜩 껴 흐린 날에도 소용이 없었지요.

  물시계는 물방울을 같은 속도로 똑똑 떨어지게 해서 원기둥 모양의 통에 모아요. 아침에 해가 뜰 때부터 다음 날 아침에 다시 해가 뜰 때까지 물을 모으면 그만큼의 물이 떨어지는 동안이 하루의 길이였던 거예요. 그때 하루는 열두 시간이었으니까 하루만큼의 물의 깊이를 12등분하면 한 시간의 길이를 가리키는 물의 양을 알 수 있었지요.

  장영실이 만든 자격루는 시간을 자동으로 알려 주는 장치가 달린 물시계였어요. 정해진 시각이 되면 인형이 종과 북을 쳐서 시각을 알려 주었지요.

  아쉽게도 장영실이 만든 자격루는 남아 있지 않아요. 지금까지 남아 있는 자격루는 중종 때 다시 만든 자격루의 일부라고 해요. 다만 현재까지 남아 있는 기록들을 통해서 자격루가 시간을 재고, 시각을 알려 주는 원리를 알 수 있어요.

  2007년에는 과학자들이

국보 제229호로 지정된 창경궁 자격루예요. 1536년 조선 중종 때 다시 만든 것으로, 일부는 현재까지 남아 있어요.

남아 있는 기록을 바탕으로 복원한 장영실의 자격루예요. 가운데 있는 길쭉한 물통에 물이 차면 오른쪽에 있는 인형들이 시각을 알려 줘요. 국립 고궁 박물관에 전시되어 있어요.

남아 있는 기록을 보고 연구해서 장영실의 자격루를 다시 만들어 냈어요. 지금으로부터 수백 년 전에 이미 자동으로 시간을 알려 주는 시계가 있었다니 정말 대단하지요?

측우기는 누가 만들었을까?

오랫동안 측우기는 장영실이 만든 관측기구로 알려져 왔어요. 세종 때 만들어졌고, 당시에 대부분의 관측기구들을 만든 사람이 장영실이었으니까요.

측우기가 만들어지기 이전에도 사람들은 비의 양을 측정했어요. 땅을 파내 흙에 스며든 빗물의 깊이를 재서 비의 양을 가늠했지

보물 제844호인 창덕궁 측우대예요. 측우대는 측우기를 앉혀 놓은 받침대예요. 사진에 보이는 원기둥 모양의 측우기는 한국 전쟁 때 없어진 걸 오늘날 새로 만들어 얹었지요. 측우대의 옆면에는 1782년 여름, 정조가 가뭄을 걱정하여 측우기를 다시 만들게 했다는 이야기가 새겨져 있어요.

요. 그런데 흙은 빗물을 머금어 버리기 때문에 비가 얼마나 왔는지 확실히 알 수는 없었어요.

1441년 세종의 아들, 세자(훗날의 문종)가 통에 물을 받는 방법을 생각해 냈다고 해요. 세종은 세자의 말을 듣고 장영실에게 빗물을 받을 통을 만들라고 지시했고요. 그러니까 측우기는 문종과 장영실, 세종이 뜻을 모아 발명했다고 할 수 있어요.

측우기는 사람들이 농사를 짓고 생활하는 데 큰 도움이 되었어요. 측우기가 곳곳에 설치되면서 비의 양을 꼼꼼히 기록할 수 있었어요.

장영실과 함께한 사람들

장영실의 곁에는 발명에 열중할 수 있도록 도와준 사람들이 있었어요. 태종은 장영실이 재능을 발휘할 수 있게 나라의 일을 맡겼어요. 태종 다음에 임금이 된 세종도 아버지처럼 장영실의 능력을 아껴 백성들이 잘살 수 있게 도울 방법을 연구하도록 이끌었지요. 노비인 장영실을 중국으로 유학을 보내고 벼슬도 주었어요.

조선 시대 초기의 과학자로 장영실이 유명하지만, 장영실만 홀

륭한 과학자였던 것은 아니에요. 장영실은 여러 과학자들과 함께 연구했어요. 간의도 금속 활자도 자격루도 여럿이 함께 만든 것이었지요. 금속 활자인 갑인자를 만들었던 이천과 김돈, 뛰어난 천문학자였던 이순지와 김담, 자격루를 만든 김빈 등이 장영실과 함께 한 동료였어요.

천문학자 이순지의 초상화예요. 하늘에 떠 있는 별들의 움직임으로 시간을 계산하는 역법을 연구했어요.

함께 보면 쏙쏙 이해되는 역사

◆ 1390년경
경상도 동래현에서
태어남.

◆ 1400년경
동래현의 관노가 됨.

1390　　　　　　　　　　**1400**

◆ 1432년
천문 관측기구
간의를 만듦.

◆ 1433년
천문 관측기구
혼천의를 완성함.

◆ 1441년
비의 양을 재는
측우기를 만듦.

◆ 1434년
물시계 자격루와 해시계
앙부일구를 완성함.

◆ 1442년
왕의 가마가 부서져
벼슬자리에서 물러남.

1430　　　　　　　　　　**1440**

● 1434년
표준 시간을 자격루에
맞추어 사용함.

● 1441년
강우량을 측정하는
제도가 마련됨.

◆ 장영실의 생애

● 조선 전기 천문·기상 관측의 역사

◆ 1421년
천문 관측기구를 배우러 명나라로 감.

◆ 1423년
노비 신분을 벗고 상의원 별좌가 됨.

◆ 1410년경
한성으로 올라와 공조에서 일하기 시작함.

◆ 1424년
경점지기를 완성함.

1410　　　　　　　　1420

추천사

「새싹 인물전」을 펴내면서

　요즈음 아이들에게 '훌륭한 사람'이 누구냐고 물으면 '돈 많이 버는 사람'이라고 대답한다고 합니다. 초등학생의 태반은 가수나 배우가 되고 싶어 하고요. 돈 많이 버는 사람이나 연예인이라는 직업이 나쁘다는 것이 아니라, 아이들이 각자가 갖고 있는 재능과는 상관없이 모두 똑같은 꿈을 갖는 것 같아 걱정입니다. 또 한편으로는 아이들이 진정 마음으로 닮고 싶은 사람에 대한 정보가 부족한 것은 아닌가 하는 생각도 듭니다.
　어릴수록 위인 이야기의 힘은 큽니다. 아직 어리고 조그마한 아이들은 자신이 보잘것없다고 생각하고 위인들의 성공에 감탄합니다. 하지만 그네들에게는 끝없이 열린 미래가 있습니다. 신화처럼 빛나는 위인들의 모습은 아이들에게 훌륭한 역할 모델이 되고, 그런 삶을 살기 위해 무엇을 어떻게 해야 할지를 알려 주는 밝은 등대가 됩니다.
　그렇다면 우리가 어른으로서 아이들에게 권해야 할 위인전은 무엇일까요? 보통 우리가 생각하는 '위인'은 훌륭한 업적을 남긴

위대한 사람, 멋지고 능력 있는 사람입니다. 하지만 시대가 변했으니 아이들이 역할 모델로 삼을 수 있는 위인의 정의나 기준도 변해야 할 것입니다.

그런 의미에서 비룡소의 「새싹 인물전」은 종래의 위인전과는 다른 점이 많습니다. 시리즈 이름이 '위인전'이 아닌 '인물전'이라는 데 주목하기 바랍니다. 「새싹 인물전」은 하늘에서 빛나는 위인을 옆자리 짝꿍의 위치로 내려놓습니다. 만화 같은 친근한 일러스트는 자칫 생소할 수 있는 옛사람들의 이야기를 일상에서 만날 수 있는 재미있는 사건처럼 보여 줍니다.

또 하나, 「새싹 인물전」에는 위인전에 단골로 등장하는 태몽이나 어린 시절의 비범한 에피소드, 위인 예정설 같은 과장이 없습니다. 사실 이런 이야기들은 현대를 사는 아이들에게는 황당하고 이해하기 힘든 일일 뿐입니다. 그보다는 천 리 길도 한 걸음부터, 큰 성공도 자잘한 일상의 인내와 성실함이 없었다면 이루어질 수 없었다는 것을 알려 주는 것이 중요합니다. 세상 사람들의 우러름을 받는 이들도 여느 아이들과 같은 시절을 겪었음을 보여 줌으로써, 아이들에게 괜한 열등감을 주지 않고 그네들의 모습을 마음속에 담을 수 있도록 해 주는 것입니다.

덧붙여 위인전이란 그 인물이 얼마나 훌륭한 업적을 남겼는가 보여 주는 것도 중요하지만, 얼마나 참된 인간다움을 보였는가를 알려 줄 필요도 있습니다. 여기서 '인간다움'이란 기본적인 선함과 이해심, 남을 위해 봉사할 수 있는 사랑과 배려, 그리고 한 가지 목표를 설정하고 앞으로 나아갈 수 있는 의지와 용기를 말합니다. 성취라는 결과보다는 성취하기 위한 과정을 보여 주고, 사회적인 성공보다는 한 인간으로서 얼마나 자기 자신에게 철저하고 진실했는지를 보여 주는 것이 중요하다는 것입니다.

하지만 아무리 좋은 가르침도 사랑과 따뜻함이 없으면 억누름과 상처가 될 뿐이겠지요.「새싹 인물전」은 나의 노력과 의지에 따라 얼마든지 의미 있는 삶을 살 수 있음을 알려 줍니다. 내가 알고 있는 삶 외에도 또 다른 삶이 존재할 수 있다는 것, 꿈을 키우고 이루어 가는 과정에서 배우고 경험하게 되는 것들의 가치, 그런 따뜻함을 담고 있는 위인전입니다. 부디 이 책이 삶의 첫발을 내딛는 아이들에게 좋은 길잡이가 되었으면 하는 바람입니다.

기획 위원
박이문(전 연세대 교수, 철학)
장영희(전 서강대 교수, 영문학)
안광복(중동고 철학 교사, 철학 박사)

● 사진 제공

62쪽, 63쪽(아래), 64~67쪽, 69쪽_ 연합 뉴스. 63쪽(위), 68쪽_ 국립 고궁 박물관.

글쓴이 유타루

전북 부안에서 태어나 한국 외국어 대학교 아프리카어과를 졸업했다.『별이 뜨는 꽃담』으로 창원 아동 문학상과 송순 문학상을 받았다. 지은 책으로『김홍도』,『방정환』, 『촌수 박사 달찬이』,『마법 식탁』등이 있다.

그린이 이경석

부산에서 태어났다. 대학에서 시각 디자인을 공부했으며 지금은 만화를 그리고 어린이 책에 그림을 그린다. 쓰고 그린 책으로『울식이는 재수 없어』,『전원교향곡』이 있으며, 그린 책으로『퀴즈, GMO!』,『난 노란 옷이 좋아!』,『찾았다, 오늘이!』, 『최무선』,『김구』등이 있다.

새싹 인물전 **장영실**
037

1판 1쇄 펴냄 2010년 12월 8일   1판 15쇄 펴냄 2020년 5월 22일
2판 1쇄 펴냄 2021년 5월 28일   2판 4쇄 펴냄 2024년 1월 18일

글쓴이 유타루   그린이 이경석
펴낸이 박상희   편집장 전지선   편집 송재형   디자인 박연미, 이유림
펴낸곳 **(주) 비룡소**   출판등록 1994.3.17. (제16-849호)
주소 06027 서울시 강남구 도산대로1길 62 강남출판문화센터 4층
전화 02)515-2000   팩스 02)515-2007   홈페이지 www.bir.co.kr
제품명 어린이용 각양장 도서   제조자명 **(주) 비룡소**   제조국명 대한민국   사용연령 3세 이상

ⓒ 유타루, 이경석, 2010. Printed in Seoul, Korea

ISBN 978-89-491-2917-4 74990
ISBN 978-89-491-2880-1 (세트)

「새싹 인물전」 시리즈

- 001 **최무선** 김종렬 글 이경석 그림
- 002 **안네 프랑크** 해리엇 캐스터 글 헬레나 오웬 그림
- 003 **나운규** 남찬숙 글 유승하 그림
- 004 **마리 퀴리** 캐런 월리스 글 닉 워드 그림
- 005 **유일한** 임사라 글 김홍모·임소희 그림
- 006 **윈스턴 처칠** 해리엇 캐스터 글 린 윌리 그림
- 007 **김홍도** 유타루 글 김홍모 그림
- 008 **토머스 에디슨** 캐런 월리스 글 피터 켄트 그림
- 009 **강감찬** 한정기 글 이홍기 그림
- 010 **마하트마 간디** 에마 피시엘 글 리처드 모건 그림
- 011 **세종 대왕** 김선희 글 한지선 그림
- 012 **클레오파트라** 해리엇 캐스터 글 리처드 모건 그림
- 013 **김구** 김종렬 글 이경석 그림
- 014 **헨리 포드** 피터 켄트 글·그림
- 015 **장보고** 이옥수 글 원혜진 그림
- 016 **모차르트** 해리엇 캐스터 글 피터 켄트 그림
- 017 **선덕 여왕** 남찬숙 글 한지선 그림
- 018 **헬렌 켈러** 해리엇 캐스터 글 닉 워드 그림
- 019 **김정호** 김선희 글 서영아 그림
- 020 **로버트 스콧** 에마 피시엘 글 데이브 맥타가트 그림
- 021 **방정환** 유타루 글 이경석 그림
- 022 **나이팅게일** 에마 피시엘 글 피터 켄트 그림
- 023 **신사임당** 이옥수 글 변영미 그림
- 024 **안데르센** 에마 피시엘 글 닉 워드 그림
- 025 **김만덕** 공지희 글 장차현실 그림
- 026 **셰익스피어** 에마 피시엘 글 마틴 렘프리 그림
- 027 **안중근** 남찬숙 글 곽성화 그림
- 028 **카이사르** 에마 피시엘 글 레슬리 뷔시커 그림
- 029 **백남준** 공지희 글 김수박 그림
- 030 **파스퇴르** 캐런 월리스 글 레슬리 뷔시커 그림
- 031 **유관순** 유은실 글 곽성화 그림
- 032 **알렉산더 벨** 에마 피시엘 글 레슬리 뷔시커 그림
- 033 **윤봉길** 김선희 글 김홍모·임소희 그림
- 034 **루이 브라유** 테사 포터 글 헬레나 오웬 그림
- 035 **정약용** 김은미 글 홍선주 그림
- 036 **제임스 와트** 니컬라 백스터 글 마틴 렘프리 그림
- 037 **장영실** 유타루 글 이경석 그림
- 038 **마틴 루서 킹** 베르나 윌킨스 글 린 윌리 그림
- 039 **허준** 유타루 글 이홍기 그림
- 040 **라이트 형제** 김종렬 글 안희건 그림
- 041 **박에스더** 이은정 글 곽성화 그림
- 042 **주몽** 김종렬 글 김홍모 그림
- 043 **광개토 대왕** 김종렬 글 탁영호 그림
- 044 **박지원** 김종광 글 백보현 그림
- 045 **허난설헌** 김은미 글 유승하 그림
- 046 **링컨** 이명랑 글 오승민 그림
- 047 **정주영** 남경완 글 임소희 그림
- 048 **이호왕** 이영서 글 김홍모 그림
- 049 **어밀리아 에어하트** 조경숙 글 원혜진 그림
- 050 **최은희** 김혜연 글 한지선 그림
- 051 **주시경** 이은정 글 김혜리 그림
- 052 **이태영** 공지희 글 민은정 그림
- 053 **이순신** 김종렬 글 백보현 그림
- 054 **오드리 헵번** 이은정 글 정진희 그림
- 055 **제인 구달** 유은실 글 서영아 그림
- 056 **가브리엘 샤넬** 김선희 글 민은정 그림
- 057 **장 앙리 파브르** 유타루 글 하민석 그림
- 058 **정조 대왕** 김종렬 글 민은정 그림
- 059 **나폴레옹 보나파르트** 남찬숙 글 남궁선하 그림
- 060 **이종욱** 이은정 글 우지현 그림

061	**박완서**	유은실 글 이윤희 그림
062	**장기려**	유타루 글 정문주 그림
063	**김대건**	전현정 글 홍선주 그림
064	**권기옥**	강정연 글 오영은 그림
065	**왕가리 마타이**	남찬숙 글 윤정미 그림
066	**전형필**	김혜연 글 한지선 그림
067	**이중섭**	김유 글 김홍모 그림
068	**그레이스 호퍼**	박주혜 글 이해정 그림

* 계속 출간됩니다.